Made in the USA
Las Vegas, NV
23 November 2021

35143214R00072